구약
3
약속의 땅

가스펠 프로젝트 유치부

구약 **3**

약속의 땅

지은이 | LifeWay Kids
옮긴이 | 안윤경
감　수 | 김병훈·이희성·정희영

초판 발행 | 2018. 4. 5
2판 2쇄 발행 | 2024. 10. 28
등록번호 | 제1988-000080호
등록된 곳 | 서울특별시 용산구 서빙고로65길 38
발행처 | 사단법인 두란노서원
영업부 | 02) 2078-3352, 3452, 3752, 3781
　　　　 FAX　080-749-3705
편집부 | 02) 2078-3437

표지디자인 | 땅콩프레스
활동 연구 | 김찬숙·박청아·유은정
　　　　　 진명선·홍선아

책값은 뒤표지에 있습니다.
ISBN　978-89-531-4644-0　04230
　　　　978-89-531-4641-9　(세트)

홈페이지 | gospelproject.co.kr
두란노몰 | mall.duranno.com

The Gospel Project for Preschool

is published quarterly by LifeWay Christian Resources, One
LifeWay Plaza, Nashville, TN 37234, Thom S. Rainer, President
© 2015 LifeWay Christian Resources
Translated and used by permission of LifeWay Christian
Resources

This Korean translation edition © 2018 by Duranno Ministry,
38, Seobinggo-ro 65-gil, Yongsan-gu, Seoul, Republic of
Korea. Published by arrangement with LifeWay Christian
Resources

본 저작물의 한국어판 저작권은 LifeWay Christian Resources와
독점 계약한 두란노서원에 있습니다. 신 저작권법에 의거하여
한국 내에서 보호를 받는 저작물이므로 무단 전재와
무단 복제를 금합니다.

차례

 1　구원의 하나님

2　다스리시는 하나님

1 약속의 땅을 정탐했어요

모세는 12명의 대표들을 뽑아 약속의 땅 가나안을 둘러보게 했어요. ★정탐꾼들은 가나안 땅은 정말 좋지만 그곳에 살고 있는 사람들이 너무 강하다고 이야기했어요. 여호수아와 갈렙만이 하나님을 믿었어요. 가나안 땅을 주겠다는 하나님의 약속을 믿지 않은 이스라엘 백성은 40년 동안 광야를 떠돌아다니게 되었어요.

★정탐꾼 : 몰래 살펴 알아내는 사람

믿음의 눈으로 바라보아요!

여호수아와 갈렙만이 하나님을 믿었어요.
그들은 하나님이 약속하신 땅인 가나안에 들어갈 수 있다고 믿었어요.
가나안을 둘러본 정탐꾼들의 모습을 비교해 보고
빈칸에 '믿음의 눈'으로 바라보는 나의 모습을 그려 주세요.

준비물 ▼
31쪽 '믿음의 눈으로 바라보아요'
그림, 색연필

1 31쪽 '믿음의 눈으로 바라보아요' 그림을 떼어 접는 선을 따라 안쪽으로 접으세요.

2 왜 10명의 정탐꾼들이 가나안 땅에 사는 사람들을 보며 두려워 떨었는지 그림을 보며 이야기를 나누어 보세요.

3 접은 면을 다시 펴세요. 같은 상황에서 하나님의 약속을 믿은 여호수아와 갈렙은 어떤 모습을 보였는지 확인해 보세요. 그들 옆에 '믿음의 눈'으로 바라보는 나의 모습을 그려 주세요.

이야기 나누기

- 정탐꾼들은 약속의 땅에서 무엇을 보았나요?
- 여호수아와 갈렙이 다른 의견을 낸 이유는 무엇인가요?

2 # 놋뱀을 바라보았어요

하나님은 목이 마른 이스라엘 백성을 위해 반석에서 물이 나오게 하셨어요. 하지만 이스라엘 백성은 끊임없이 불평했어요. 하나님은 독사를 보내 그들을 물게 하셨어요. 그러나 죄를 용서해 달라는 모세의 기도를 들으신 하나님은 불뱀을 만들어 긴 막대기에 달라고 하셨어요. 긴 막대기에 달린 놋뱀을 바라보는 사람은 누구든지 살았어요.

치료하시는 하나님

무엇을 바라보아야 할까요?

독사에 물려 죽어 가던 이스라엘 백성이 무엇을 바라보면 살아났나요?
그림에서 각각의 기호에 알맞은 색을 색연필로 칠해 답을 찾아보세요.

† 갈색 ★ 노란색 ♥ 초록색
✳ 파란색 ■ 연주황색 ○ 연두색

TIP ▼
낮은 연령대의 아이는 ✳과 †기호만 칠해도 좋아요.

이야기 나누기

- 이스라엘 백성은 왜 독사에 물려 죽게
  되었나요?
- 죽어 가는 이스라엘 백성에게 하나님
  은 어떤 도움을 베푸셨나요?

3 하나님이 여리고성을 주셨어요

여호수아는 2명의 정탐꾼들을 여리고로 보냈어요. 여리고에서 라합이라는 여인이 정탐꾼들을 숨겨 주었어요. 정탐꾼들은 라합과 그 가족을 보호해 주겠다고 약속했어요. 하나님은 이스라엘 백성이 요단강을 마른 땅으로 건너게 하셨어요. 하나님의 말씀대로 이스라엘 백성이 여리고 성벽 주위를 돌자 성벽이 와르르 무너졌어요.

숨은그림찾기

인도하시는 하나님

쉿! 정탐꾼들을 찾아요!

- 하나님이 약속하신 땅인 가나안에 몰래 들어가 숨어서 살펴보고 있는 이스라엘 정탐꾼들의 모습이 보이나요? 아래쪽 동그라미 힌트에 나온 이스라엘 정탐꾼들을 찾아 ○표 하세요.
- 4개의 그림에서 이스라엘 백성에게 일어난 일의 순서대로 동그라미 안에 번호를 적으세요.

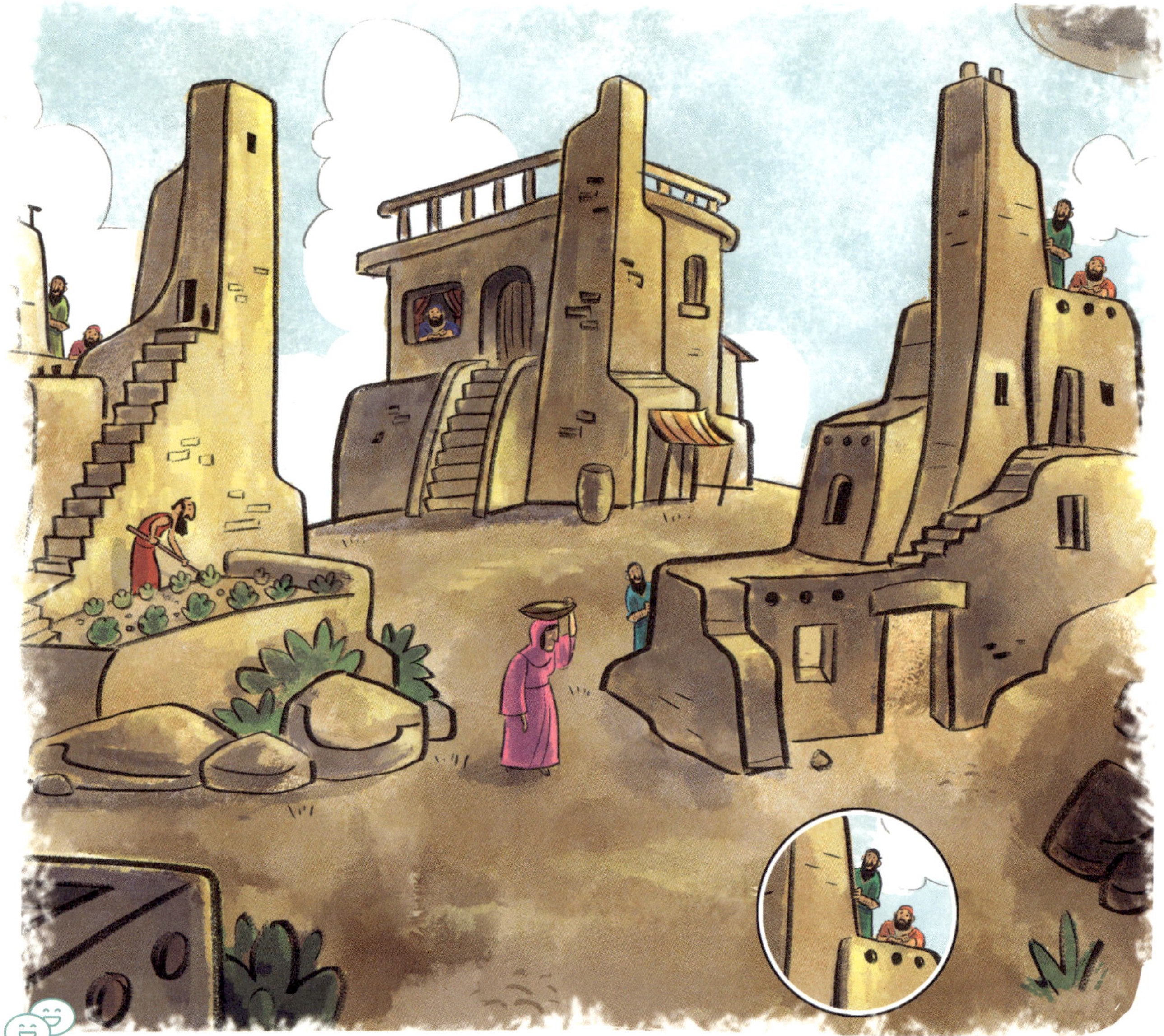

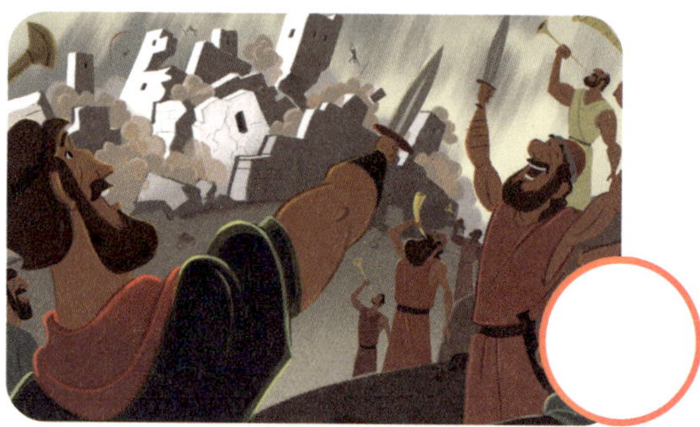

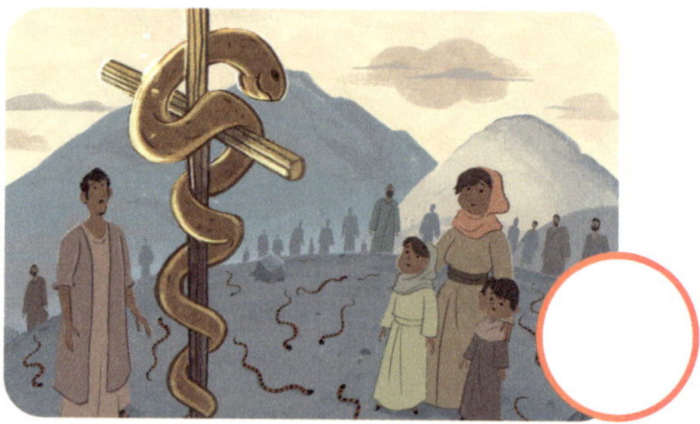

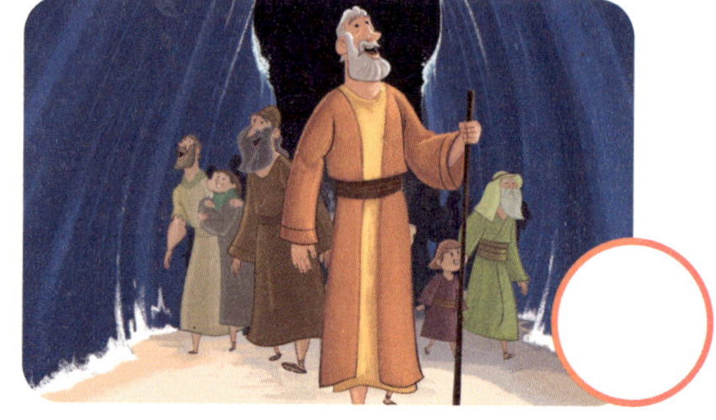

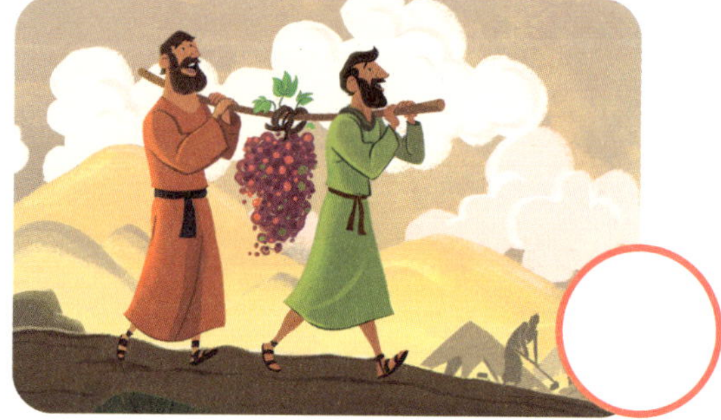

이야기 나누기

- 여리고에 들어간 이스라엘 정탐꾼들은 어디에 숨었나요?
- 라합은 왜 그들을 숨겨 주었나요?

4 죄 때문에 아이성 전투에서 졌어요

하나님은 이스라엘 백성에게 여리고성에서 아무것도 가져오지 말라고 하셨어요. 하지만 아간은 하나님께 불순종했고, 죄에 대한 벌을 받았어요. 이스라엘 백성이 아이성을 처음 공격했을 때 하나님은 그들을 위해 싸우지 않으셨어요. 아간이 벌을 받은 후 두 번째로 아이성을 공격했을 때 하나님은 그들을 위해 싸우셨고 승리하게 하셨어요.

어디에 있을까요?

그림에서 외투, 금, 은 동전을 찾아 ○표 하세요.

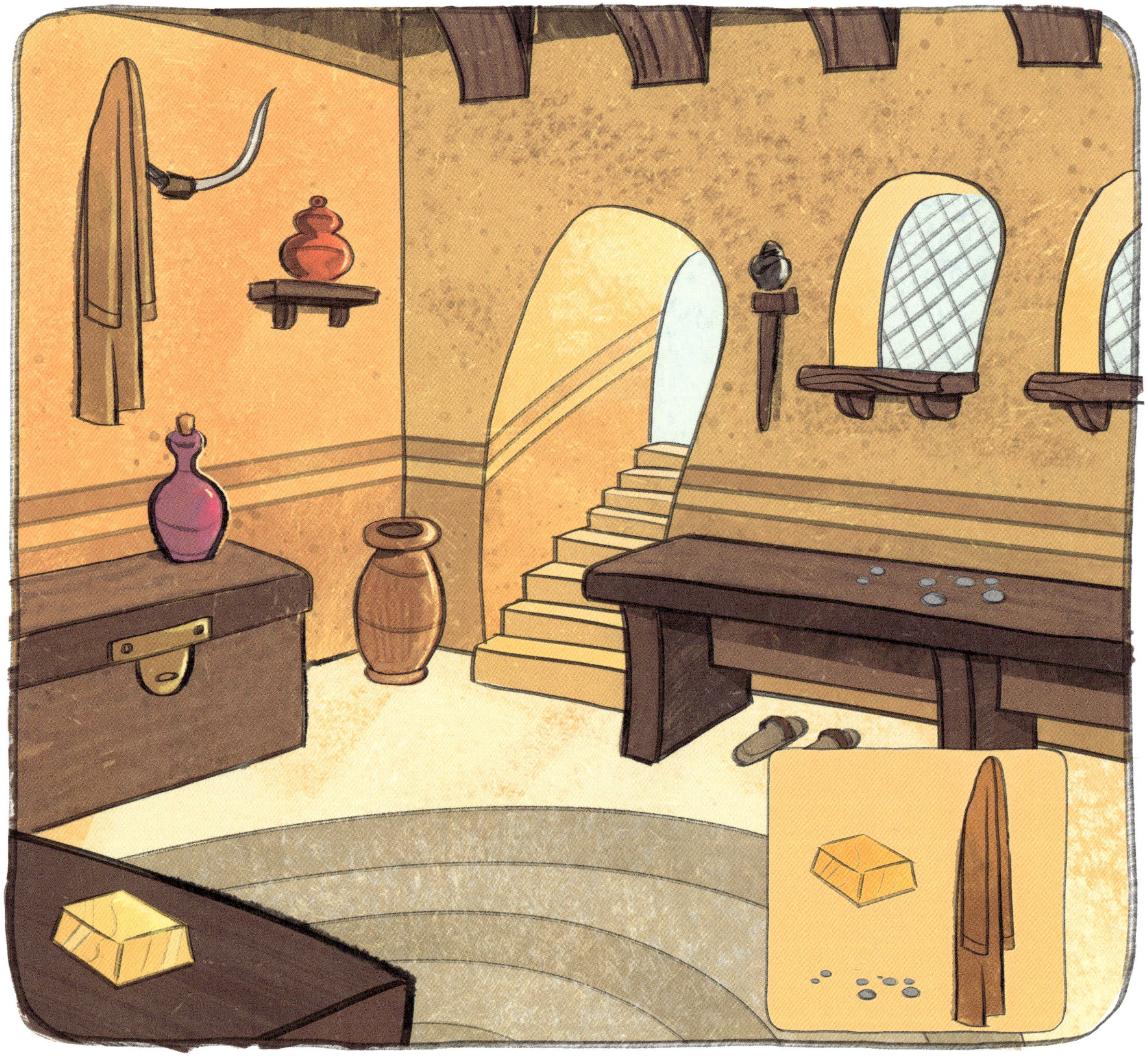

이야기 나누기

- 좋은 옷과 돈(금, 은)은 우리의 생활에 어떤 도움을 주나요?
- 하나님은 정직하지 못한 방법으로 좋은 물건을 얻는 것에 대해 어떻게 생각하실까요?

승리의 길을 걸어요!

아이성으로 가는 미로를 따라가 보세요.
가는 길에 만나는 '거짓말', '욕심', '도둑질', '불순종' 등 '죄' 글자에 우리를 사랑하셔서 우리를 위해 십자가에서 피 흘려 돌아가신 예수님을 표시하는 '하트' 스티커를 붙여 죄를 없애 주세요.
'하트' 스티커를 미로의 모양에 맞게 붙여 주세요.

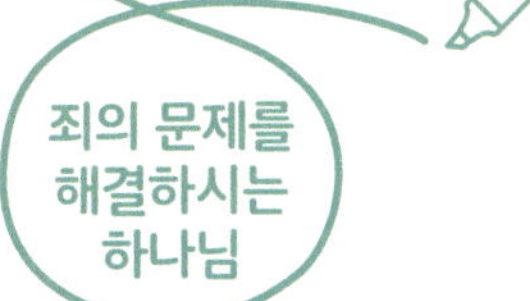

준비물 ▼
45쪽 '하트' 스티커, 색연필

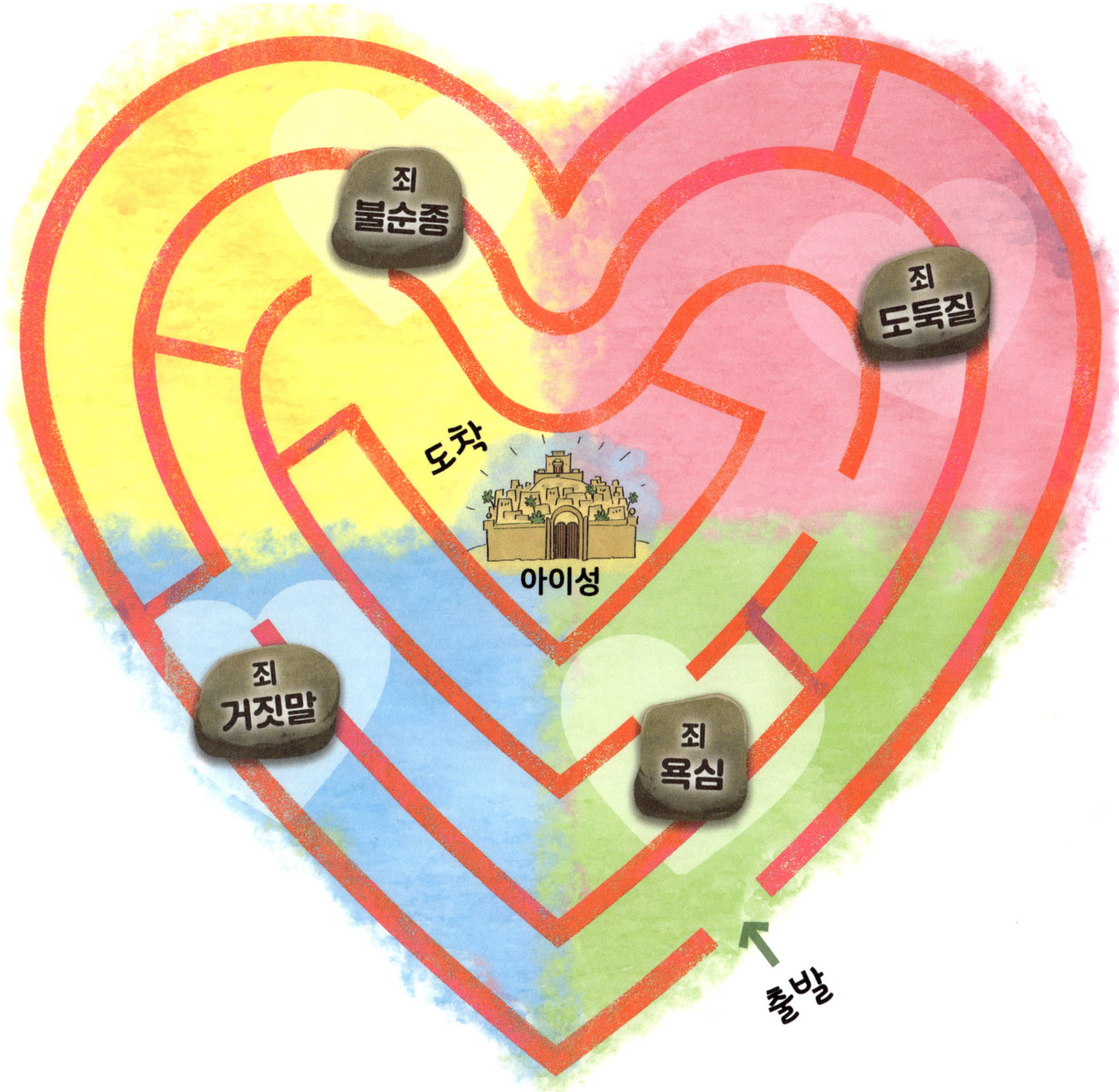

이야기 나누기

- 이스라엘 백성은 왜 첫 번째 아이성
  전투에서 졌나요?
- 우리가 지은 죄의 문제는 어떻게 해
  결되었나요?

5 ## 여호수아가 당부했어요

여호수아는 나이가 들어 죽기 전에 모든 이스라엘 백성을 불러 모았어요. 여호수아는 그들에게 하나님의 선하심과 *신실하심을 다시 기억하게 했어요. 그리고 하나님만 예배하고 하나님의 말씀에 순종하라고 당부했어요. 이스라엘 백성은 하나님만 예배하고 사랑하겠다고 대답했어요.

★신실하다 : 믿을 수 있고 약속을 잘 지킨다.

준비물 ▼
35쪽 '마음의 문' 그림,
45쪽 '하나님' 스티커, 풀, 색연필

무엇을 기억해야 할까요?

여호수아가 이스라엘 백성에게 당부한 말을 기억하고 있나요?

여호수아의 당부를 생각하고 있는 내 모습을 그려 보세요.

35쪽 '마음의 문' 그림을 떼어 접는 선대로 접고 '마음의 자리'에 붙여 주세요.

내 마음의 문을 활짝 열고 45쪽 '하나님' 스티커를 떼어 내 마음에 가득 채워 주세요.

이야기 나누기

- 여호수아는 이스라엘 백성에게 무엇이
  라고 당부했나요?
- 우리가 기억해야 할 가장 중요한 것은
  무엇인가요?

6 사사들이 이스라엘 백성을 이끌었어요

여호수아가 죽은 후에 이스라엘 백성은 하나님께 불순종하고 우상들을 섬겼어요. 하나님은 대적들이 이스라엘을 정복하게 하셨어요. 하지만 하나님은 이스라엘 백성이 도와 달라고 기도하면 사사를 보내 그들을 구원해 주셨어요. 옷니엘, 에훗, 삼갈이 하나님이 세우신 첫 사사들이었어요.

누구를 섬겨야 하나요?

35쪽 '사람들' 그림을 떼어 접는 선대로 접은 후 풀을 발라 '붙이는 곳'에 붙이세요. 그림을 오른쪽, 왼쪽으로 넘기면서 하나님을 섬기는 사람들과 우상을 섬기는 사람들의 모습이 어떠한지, 우리는 누구를 섬겨야 하는지 친구와 이야기를 나누어 보세요.

"사람들이 우상을 다 버리고 하나님을 섬기게 해 주세요"라고 기도한 후 우상을 섬기는 사람들에게 45쪽 '십자가' 스티커를 떼어 붙이세요.

준비물 ▶ 35쪽 '사람들' 그림, 45쪽 '십자가' 스티커, 풀

죄의 악순환

하나님이 사사를 보내셨어요

33쪽 '죄의 악순환 카드'를 떼어 빈칸에 순서대로 나열해 붙여 주세요.

준비물 ▶ 33쪽 '죄의 악순환 카드', 풀

이스라엘 백성은 하나님께 죄를 지었어요.

이스라엘 백성은 대적에게 정복당했어요.

이스라엘 백성은 하나님께 부르짖었어요.

이스라엘 백성은 다시 평화를 찾았어요.

하나님이 구원자를 보내셨어요.
바로 사사예요.

이야기 나누기

- 하나님을 섬기는 사람들과 우상을 섬기는 사람들은 무엇이 다른가요?
- 이스라엘 백성이 하나님을 잊어버리고 우상을 섬기자 어떤 일이 생겼나요?
- 하나님은 이스라엘 백성이 하나님을 기억하도록 누구를 보내 주셨나요?
- 하나님을 잊지 않고 순종하며 살기 위해서는 어떻게 해야 할까요?

7 드보라와 바락이 노래했어요

이스라엘 백성이 하나님을 잊어버리자 하나님은 가나안이 그들을 다스리게 하셨어요. 하나님은 드보라를 사사로 세우셔서 그들을 구원하셨어요. 드보라는 바락에게 가나안과 싸우라는 하나님의 말씀을 전했어요. 하지만 바락은 드보라가 함께 가야만 싸우겠다고 했어요. 바락과 그의 군대는 가나안과 싸워 이겼어요. 다시 평화가 찾아온 거예요.

승리를 주시는 하나님

다볼산을 향하여!

미로를 통과해 드보라와 바락, 이스라엘 백성이 다볼산에 도착할 수 있도록 도와주세요.
이제 곧 다볼산에서 가나안과의 전쟁이 일어날 거예요.
하나님이 이스라엘 백성에게 승리를 주겠다고 약속하셨으니 걱정 마세요.

이야기 나누기

- 하나님은 고통받고 있는 이스라엘 백성을 어떻게 도와주셨나요?
- 바락은 왜 드보라와 함께 가기를 원했나요?
- 이스라엘 백성은 하나님을 잊었어요. 하나님을 잊은 적이 있나요?

8 겁쟁이 기드온이 용사가 되었어요

하나님은 기드온을 사사로 부르셔서 미디안으로부터 이스라엘 백성을 구원하셨어요. 기드온은 양털을 사용해서 하나님이 이스라엘과 함께하신다는 사실을 확인했어요. 하나님은 기드온에게 군사의 숫자가 너무 많다고 말씀하셨고, 300명의 용사로 줄이셨어요. 하나님은 이스라엘 백성에게 승리를 주셨어요.

누가누가 더 강한가요?

각각의 힘의 크기만큼 막대에 색칠한 후 서로 겨루었을 때 이길 쪽에 45쪽 '승리의 V' 스티커를 떼어 붙여 주세요.
흐린 글씨를 따라 쓰고 다 함께 큰 소리로 "세상에서 가장 강한 분은 하나님이세요!"라고 외치세요.

준비물 ▶ 45쪽 '승리의 V' 스티커, 색연필

하나님은 세상에서 가장 강한 분이세요

↑ 강해요
↓ 약해요

세상에서 가장 강한 분은 하나님이세요!

이야기 나누기

- 기드온과 300명의 용사들은 전쟁에 나가면서 어떤 기분이 들었을까요?
- 어떤 상황에서 두려워하나요? 그 이유는 무엇인가요?

9 삼손에게 다시 힘을 주셨어요

하나님은 삼손을 사사로 세우셔서 이스라엘을 블레셋에서 구원하셨어요. 삼손의 힘은 하나님이 주신 거예요. 그런데 삼손은 들릴라에게 자기 힘의 비밀이 머리카락에 있다고 알려 주었어요. 머리카락이 잘린 삼손은 블레셋 감옥에 갇혔어요. 하나님께 한 번 더 힘을 달라고 기도한 삼손은 블레셋 신전의 기둥을 껴안아 신전을 무너뜨렸어요.

삼손을 그려 보아요

하나님은 삼손에게 엄청난 힘을 주셨어요.
삼손은 하나님께 드려진 사람(나실인)이라서 태어나서 머리카락을 한 번도 자르지 않았지요.
머리카락이 길고 힘이 아주 센 삼손의 모습을 상상해서 그려 보세요.

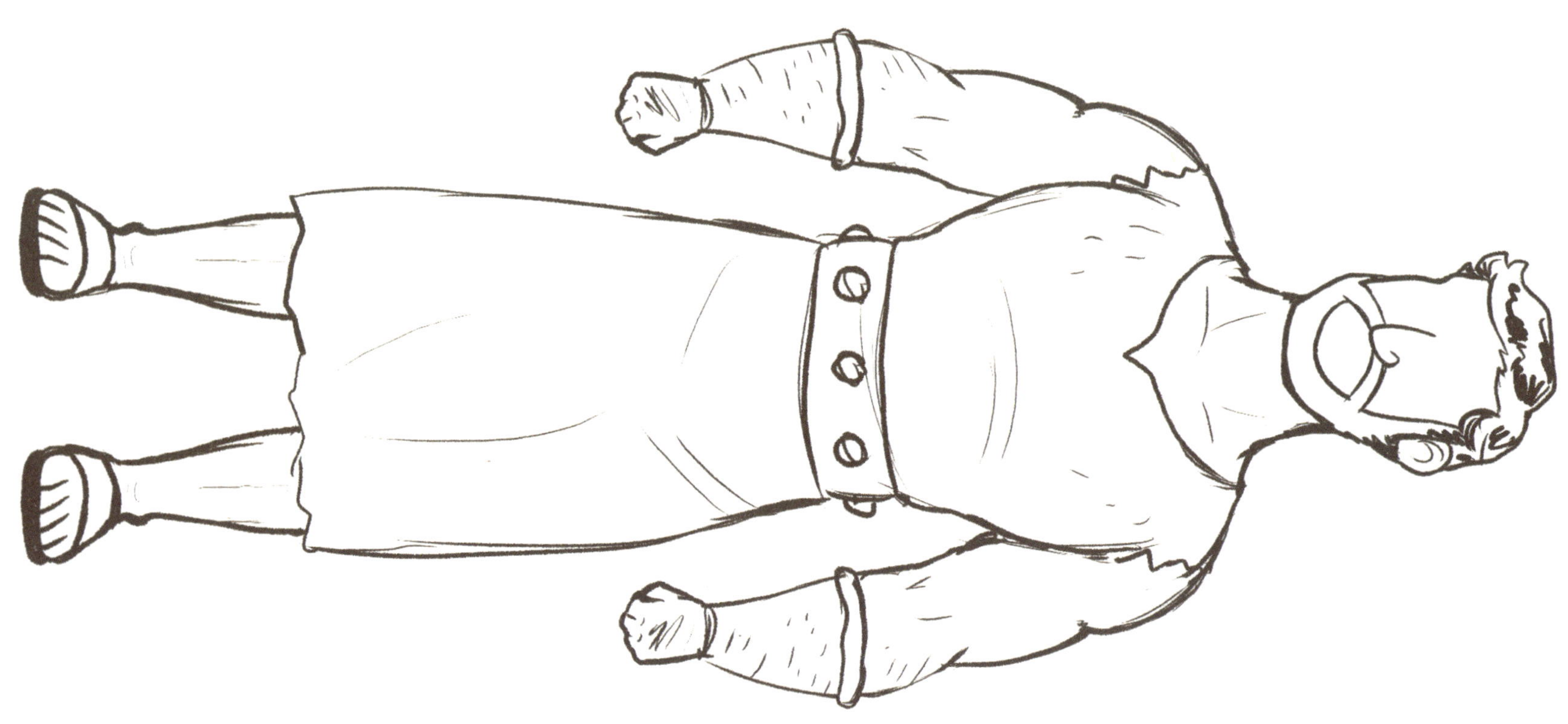

이야기 나누기

- 삼손은 자신의 강한 힘이 어디에서 왔는지 알고 있었나요?
- 하나님이 나에게 주신 재능은 무엇인가요? 그것을 어떻게 사용해야 할까요?

10 롯과 나오미를 보살펴 주셨어요

나오미는 먹을 것을 얻기 위해 모압으로 이사했어요. 그곳에서 남편과 2명의 아들들이 모두 죽었어요. 롯은 시어머니인 나오미를 따라 모압을 떠나 베들레헴으로 향했어요. 보아스는 문제가 생겼을 때 도와줄 책임이 있는 가까운 친척이었어요. 보아스는 롯과 나오미를 돌보았어요. 보아스와 롯은 결혼했고, 다윗왕과 예수님의 조상이 되었어요.

이삭을 붙여 주세요!

밀레라는 화가가 그린 "이삭 줍기" 그림이에요. 추수가 다 끝난 후 밭에 떨어진 이삭을 줍고 있는 여인들의 모습을 그린 작품이랍니다.

룻도 그림 속 여인들처럼 추수가 끝난 밭에서 이삭을 주워 먹을 것을 구했어요.

그림 속 여인들이 더 많은 이삭을 가져가 배불리 먹을 수 있도록 45쪽 '이삭' 스티커를 떼어 붙여 주세요.

룻을
보살펴 주신
하나님

준비물 ▼
45쪽 '이삭' 스티커

이야기 나누기

- 룻이 우연히 들어간 밭의 주인은 누구였나요?
- 왜 보아스는 추수하는 일꾼들에게 이삭을 조금씩 뽑아 버려두라고 말했나요?

11 하나님이 사무엘에게 말씀하셨어요

오랫동안 아이가 없었던 한나는 하나님께 아들을 달라고 기도했어요. 하나님은 한나의 기도를 들으셔서 사무엘이라는 아들을 주셨어요. 한나는 사무엘을 여호와의 집으로 데리고 가서 엘리 제사장과 함께 있도록 했어요. 하나님은 한밤중에 사무엘을 불러 말씀하셨어요. 하나님은 사무엘을 통해 이스라엘 백성에게 하나님의 계획을 전하셨어요.

네! 부르셨어요?

하나님이 부르셨을 때 사무엘은 무엇이라고 대답했나요?
35쪽 '사무엘' 인형과 37쪽 '침대' 그림을 이용해 역할 놀이를 하며 하나님과 사무엘이 대화하는 상황을 꾸며 보세요.

준비물 ▼
35쪽 '사무엘' 인형,
37쪽 '침대' 그림, 풀

이야기 나누기

- 사무엘을 부르신 분은 누구이신가요?
- 사무엘은 자라서 어떤 사람이 되었나요?
- 하나님은 어떻게 하나님의 계획을 이루시나요?

가스펠 프로젝트
135
130
125
120
115
110
160
155
150
145
140
135

3

이스라엘 백성은
하나님께 부르짖었어요.

2

이스라엘 백성은
대적에게 정복당했어요.

1

이스라엘 백성은
하나님께 죄를 지었어요.

5

이스라엘 백성은
다시 평화를 찾았어요.

4

하나님이
구원자를 보내셨어요.
바로 사사예요.

----------- 접는 선

----------- 접는 선

우상을 섬기는 사람들

하나님을 섬기는 사람들

침대를

밖으로 접는 선
안으로 접는 선

침대를

가스펠 프로젝트

구약 **3**

가족 활동

메시지 카드

1. 약속의 땅을 정탐했어요
민 13:1~14:38

2. 놋뱀을 바라보았어요
민 20:1~20, 21:4~9

3. 하나님이 여리고성을 주셨어요
수 2~4장, 6장

부모님께

메시지 카드에는 아이들이 배운 성경 이야기를 되새기며 삶에 적용할 수 있는 가족 활동이 담겨 있습니다. 그림을 보며 성경 이야기를 회상하고 성경 본문을 찾아 함께 읽으며 가족의 묵상을 나누어 보세요. 카드의 그림은 성경의 흐름을 기억할 수 있는 단서가 될 것입니다.

3권 '약속의 땅'에 담긴 가스펠

약속의 땅을 정탐한 이스라엘 백성은 그 땅의 거대한 사람들을 보고는 자신들이 메뚜기와 같다고 여겼습니다. 하나님의 약속을 신뢰하지 않은 그들은 광야에서 40년을 떠돌며 불평을 일삼았습니다. 오직 여호수아와 갈렙만이 새로운 세대를 이끌고 약속의 땅에 들어갈 수 있었습니다. 하나님은 약속의 땅을 정복하는 동안 이스라엘 백성을 위해 싸우셨지만 그들은 번번이 하나님을 잊고 우상을 섬기는 죄를 범했습니다. 그들은 사사 시대 내내 '죄-고통-회개-구원-평화'로 이어지는 죄의 악순환을 반복했습니다.

2. 놋뱀을 바라보았어요

주제 하나님은 이스라엘 백성이 놋뱀을 바라보면 살 것이라고 말씀하셨어요.

단원 암송 수 1:9

성경의 초점 우리가 믿어야 할 분은 누구이신가요?
우리는 하나님을 믿어요.

예수님 생각하기 이스라엘 백성은 그들이 지은 죄 때문에 큰 어려움을 당하게 되었어요. 하나님은 이스라엘 백성을 벌하려고 독사를 보내셨지만, 독사에 물린 사람들은 긴 막대기에 달린 놋뱀을 바라보면 살 수 있었어요. 우리도 우리의 죄 때문에 큰 어려움을 당하게 되었어요. 우리는 죄로 인해 하나님으로부터 멀리 떨어지게 되었어요. 우리는 죽어 마땅하지만 십자가에 달리신 예수님을 바라보고 믿는 사람은 하나님과 영원히 함께 살 수 있어요.

가족과 이야기해요
· 감사의 마음을 달라고 하나님께 기도해 보세요.
· 한 주 동안 누구에게 예수님을 전할 수 있을까요?

가족과 활동해요
· 인터넷에서 여러 종류의 뱀을 찾아보세요.
· 미전도 지역에 대해 조사해 보고 그곳 사람들을 위해 기도하세요. 그리고 그들에게 어떻게 복음을 전할 수 있을지 생각해 보세요.

1. 약속의 땅을 정탐했어요

주제 여호수아와 갈렙은 하나님을 믿었어요.

단원 암송 수 1:9

성경의 초점 우리가 믿어야 할 분은 누구이신가요?
우리는 하나님을 믿어요.

예수님 생각하기 여호수아와 갈렙은 하나님을 신뢰했어요. 하나님은 여호수아가 이스라엘의 지도자가 되어 새로운 세대를 약속의 땅으로 인도하게 하셨어요. 예수님은 아버지 하나님께 완전한 순종을 하셨고, 사람들을 죄에서 구원하시려는 하나님의 계획을 신뢰하셨어요. 예수님은 우리를 하나님 나라로 인도해 주세요.

가족과 이야기해요
· 여호수아와 갈렙이 하나님 편에 선 것은 쉬운 선택이었을까요? 그 이유는 무엇인가요?
· 하나님은 우리 가족에게 어떻게 신실하셨나요?

가족과 활동해요
· 예수님을 알지 못하는 이웃을 찾아가 보세요. 그들에게 복음을 전할 수 있는 방법을 알려 달라고 하나님께 기도하세요.
· 온 가족이 함께 복음을 전하려면 어떻게 해야 할지 가족회의를 열어 의논해 보고 결정한 대로 실천해 보세요.

3. 하나님이 여리고성을 주셨어요

주제 하나님은 이스라엘 백성을 약속의 땅으로 인도하셨어요.

단원 암송 수 1:9

성경의 초점 우리가 믿어야 할 분은 누구이신가요?
우리는 하나님을 믿어요.

예수님 생각하기 하나님은 이스라엘 백성을 위해 싸우셨고, 그들을 약속의 땅으로 인도하셨어요. 하나님이 이스라엘 백성을 위해 여리고 전쟁에서 이기신 것처럼 예수님은 모든 대적과 싸워 이기셨고, 믿는 자들을 영원한 나라로 인도하세요.

가족과 이야기해요
· 여리고 성 주위를 돌던 이스라엘 백성들은 어떤 기분이었을까요?
· 우리 삶에 나타나는 하나님의 능력과 영광을 어떻게 볼 수 있을까요?

가족과 활동해요
· 베개나 상자로 성벽을 만들고, 주변을 돌다가 쓰러뜨리세요. 하나님이 여리고성을 어떻게 무너뜨리셨는지에 대해 이야기를 나누어 보세요.
· 집 주변을 산책하며 우리 가족과 이웃을 돌보시는 하나님을 생각해 보세요.

6. 사사들이 이스라엘 백성을
이끌었어요

삿 3:7~31

4. 죄 때문에 아이성 전투에서 졌어요

수 7~8장

7. 드보라와 바락이 노래했어요

삿 4~5장

5. 여호수아가 당부했어요

수 23:1~24:28

4. 죄 때문에 아이성 전투에서 졌어요

주제 하나님은 아간의 죄를 벌하셨어요.

단원 암송 수 1:9

성경의 초점 우리가 믿어야 할 분은 누구이신가요? 우리는 하나님을 믿어요.

예수님 생각하기 아간이 지은 죄에 대한 벌은 죽음이었어요. 그가 지은 죄에 비해 너무 심한 벌 같다고요? 성경은 죄의 삯은 사망이라고 말해요(롬 6:23). 우리도 죄를 지어요. 우리는 죄를 지었기 때문에 벌을 받아야 해요. 하지만 예수님이 십자가에 달려 죽으심으로 우리 대신 벌을 받으셨어요. 하나님은 우리가 예수님을 믿을 때 우리의 죄를 용서해 주세요.

가족과 이야기해요
• 우리의 죄가 다른 사람들에게 어떤 영향을 줄 수 있을까요? 구체적인 예를 생각해 보세요.
• 잠언 3장 12절을 읽으세요. 징계가 어떻게 사랑의 표현이 될 수 있을까요?

가족과 활동해요
• 각자 죄를 종이에 쓰고 찢은 뒤 예수님을 통해 우리를 용서하신 하나님께 감사 기도를 드리세요.
• 믿지 않는 가족과 이웃들이 죄에서 돌이켜 예수님을 믿게 해 달라고 기도하세요.

5. 여호수아가 당부했어요

주제 여호수아는 이스라엘 백성에게 하나님만 섬기라고 말했어요.

단원 암송 수 1:9

성경의 초점 우리가 믿어야 할 분은 누구이신가요? 우리는 하나님을 믿어요.

예수님 생각하기 여호수아는 자신의 죽음을 준비하면서 오직 여호와만을 섬기라는 유언을 남겼어요. 예수님은 죽으시고 부활하신 후 제자들에게 나타나 유언을 남기셨어요. "너희는 가서 모든 민족을 제자로 삼아 아버지와 아들과 성령의 이름으로 세례를 베풀고 내가 너희에게 분부한 모든 것을 가르쳐 지키게 하라"(마 28:19~20)라는 말씀이었어요.

가족과 이야기해요
• 다른 사람들에게 복음을 어떻게 전할 수 있을까요?
• 하나님 외에 중요하게 여기고 섬기는 것이 있나요?

가족과 활동해요
• 1~5과에서 배웠던 성경 이야기들을 복습하고, 하나님의 선하심이 어떻게 나타났는지에 대해 이야기를 나누어 보세요.
• 가정 예배를 드리세요.
• 다른 나라에서 복음을 전하고 있는 선교사님들께 격려의 편지나 이메일을 써 보세요.

6. 사사들이 이스라엘 백성을 이끌었어요

주제 이스라엘 백성은 오직 한 분, 진짜 하나님을 잊어버렸어요.

단원 암송 사 33:22

성경의 초점 하나님은 어떻게 하나님의 계획을 이루시나요? 하나님은 하나님의 계획을 위해 사람들을 사용하세요.

예수님 생각하기 이스라엘 백성은 죄를 지었고, 사사들은 그들이 하나님께 순종하도록 도왔어요. 그러나 사사들은 이스라엘 백성의 마음을 바꾸어 그들이 하나님을 사랑하게 만들 수는 없었어요. 하나님은 계획을 갖고 계셨어요. 하나님의 계획은 아들이신 예수님을 보내 사람들의 마음을 바꾸시고, 그들을 죄에서 영원히 구원하시는 것이었어요.

가족과 이야기해요
• 반복해서 짓는 죄가 있나요?
• 하나님이 우리에게 주신 지도자들은 누구일까요? 그들을 어떻게 도울 수 있을까요?

가족과 활동해요
• 가족 중에 한 명을 지도자로 정해 그가 하는 모든 행동을 똑같이 따라 해 보세요.
• 지도자들에게 감사 카드를 전달해 보세요.

7. 드보라와 바락이 노래했어요

주제 하나님은 사사들을 보내 이스라엘 백성을 도우셨어요.

단원 암송 사 33:22

성경의 초점 하나님은 어떻게 하나님의 계획을 이루시나요? 하나님은 하나님의 계획을 위해 사람들을 사용하세요.

예수님 생각하기 하나님은 하나님의 백성을 사용해 우리를 도와주시고, 우리에게 예수님에 대해 가르쳐 주세요. 하나님은 우리를 위해 아들이신 예수님을 보내 우리를 죄에서 구원하셨어요.

가족과 이야기해요
• 바락은 왜 드보라와 함께 가기를 원했나요?
• 이스라엘 백성은 하나님을 잊어버렸어요. 하나님을 잊어버린 적이 있나요?

가족과 활동해요
• 성경에서 하나님이 여인들(룻, 마리아, 에스더, 디모데의 어머니와 외할머니 등)을 어떻게 사용하셨는지에 대해 찾아보세요.
• 우리 동네에 여성을 돌보는 사역이 있는지 알아보고, 도울 방법을 찾아보세요.

10. 룻과 나오미를 보살펴 주셨어요
룻 1~4장

8. 겁쟁이 기드온이 용사가 되었어요
삿 6~8장

11. 하나님이 사무엘에게 말씀하셨어요
삼상 1~3장

9. 삼손에게 다시 힘을 주셨어요
삿 13~16장

8. 겁쟁이 기드온이 용사가 되었어요

주제 하나님이 기드온에게 승리를 주셨어요.

단원 암송 사 33:22

성경의 초점 하나님은 어떻게 하나님의 계획을 이루시나요?
하나님은 하나님의 계획을 위해 사람들을 사용하세요.

예수님 생각하기 하나님이 함께하셔서 기드온은 승리했어요. 우리도 도움이 필요해요. 우리는 죄에서 구원받아야 하는데 우리 스스로는 구원할 수 없기 때문이에요. 하나님은 아들이신 예수님을 보내 우리를 구원하셨어요.

가족과 이야기해요
• 기드온과 300명의 군사는 전쟁에 나가면서 어떤 기분이었을까요?
• 두려워하는 순간은 언제인가요? 왜 그런가요?

가족과 활동해요
• 가족과 함께 두려움에 대해 나누어 보고, 성경에서 두려움에 대해 무엇이라고 이야기하는지 살펴보세요.(딤후 1:7 참조)
• 이웃에게 예수님의 이야기를 들려주거나 그들을 교회로 인도하세요.

9. 삼손에게 다시 힘을 주셨어요

주제 하나님은 삼손에게 힘을 주셨어요.

단원 암송 사 33:22

성경의 초점 하나님은 어떻게 하나님의 계획을 이루시나요?
하나님은 하나님의 계획을 위해 사람들을 사용하세요.

예수님 생각하기 삼손은 자기 죄로 죽게 되었지만 하나님은 삼손의 죽음을 통해 이스라엘 백성을 대적으로부터 구원하셨어요. 예수님은 결코 죄가 없으셨지만 우리의 죄를 위해 죽으셨어요. 예수님은 자신의 죽음과 부활로 믿는 사람들이 죄를 용서받고 영원한 생명을 얻게 하셨어요.

가족과 이야기해요
• 삼손은 하나님을 많이 사랑했을까요? 우리가 하나님을 사랑하기 어려워하는 순간은 언제일까요?
• 여러분이 잘하는 일은 무엇인가요? 하나님의 영광을 위해 그 재능을 어떻게 사용할 수 있을까요?

가족과 활동해요
• 가족 올림픽이나 힘 자랑 대회를 개최해 보세요.
• 물이나 음료수를 가지고 근처 공원으로 가서 운동하는 사람들에게 나누며 예수님을 전하세요.

10. 룻과 나오미를 보살펴 주셨어요

주제 하나님은 룻에게 보아스를 보내 주셨어요.

단원 암송 사 33:22

성경의 초점 하나님은 어떻게 하나님의 계획을 이루시나요?
하나님은 하나님의 계획을 위해 사람들을 사용하세요.

예수님 생각하기 보아스는 룻과 나오미를 책임져 줄 사람이었어요. 문제가 생겼을 때 도와줄 책임이 있는 가까운 친척이었지요. 보아스는 가까운 친척인 룻과 나오미를 돌보았어요. 룻과 나오미 모두 남편을 잃었기 때문이에요. 예수님은 보아스처럼 우리를 도와주시는 분이에요. 예수님은 십자가에서 죽으심으로 우리의 죄를 가져가시고, 우리의 구원자가 되셨어요.

가족과 이야기해요
• 하나님이 우리 가정의 필요를 어떻게 채우셨나요?
• 보아스는 도움이 필요한 가정을 도와주었어요. 우리의 구원자이신 예수님은 우리를 어떻게 도우시나요?

가족과 활동해요
• 용돈을 모으거나 쓰지 않는 물건들을 판매한 수익금을 노숙자 쉼터에 기부해 보세요.
• 지역 노숙자 쉼터나 미혼모 쉼터, 또는 자선단체에 직접 찾아가 봉사해 보세요.

11. 하나님이 사무엘에게 말씀하셨어요

주제 하나님은 사무엘에게 말씀하셨어요.

단원 암송 사 33:22

성경의 초점 하나님은 어떻게 하나님의 계획을 이루시나요?
하나님은 하나님의 계획을 위해 사람들을 사용하세요.

예수님 생각하기 사무엘은 하나님의 말씀을 통해 사람들에게 하나님이 어떤 분이신지를 보여 주었어요. 예수님은 인간의 모습으로 이 땅에 오셨어요. 예수님은 자신의 삶을 통해 세상에 하나님이 어떤 분이신지를 보여 주셨어요.

가족과 이야기해요
• 한나는 하나님께 기도하면서 자신의 마음을 솔직히 말했어요. 하나님께 내 마음을 이야기했던 때가 있다면 말해 보세요.
• 하나님이 부르시면 어떻게 대답할지 큰소리로 외쳐 보세요.

가족과 활동해요
• 성경에 담긴 하나님의 말씀을 꾸준히 읽을 수 있도록 계획을 세워 보세요.
• 자녀가 없는 이웃과 입양을 기다리고 있는 아이들을 위해 기도하세요.